HANGMAN

Hangman is a paper and pencil guessing game for two or more players.

One player thinks of a word, phrase or sentence and the other(s) tries to guess it by suggesting letters within a certain number of guesses.

We Wish You a lot of fun!

A B C D E F G H I J K L M N O

P Q R S T U V W X Y Z

WINNER:

A B C D E F G H I J K L M N O

P Q R S T U V W X Y Z

WINNER:

A B C D E F G H I J K L M N O

P Q R S T U V W X Y Z

WINNER:

A B C D E F G H I J K L M N O

P Q R S T U V W X Y Z

WINNER:

- - - - - - - - - - - - - - - -

- - - - - - - - - - - - - -

A B C D E F G H I J K L M N O

P Q R S T U V W X Y Z

WINNER:

A B C D E F G H I J K L M N O
P Q R S T U V W X Y Z

WINNER:

A B C D E F G H I J K L M N O

P Q R S T U V W X Y Z

WINNER:

A B C D E F G H I J K L M N O
P Q R S T U V W X Y Z

WINNER:

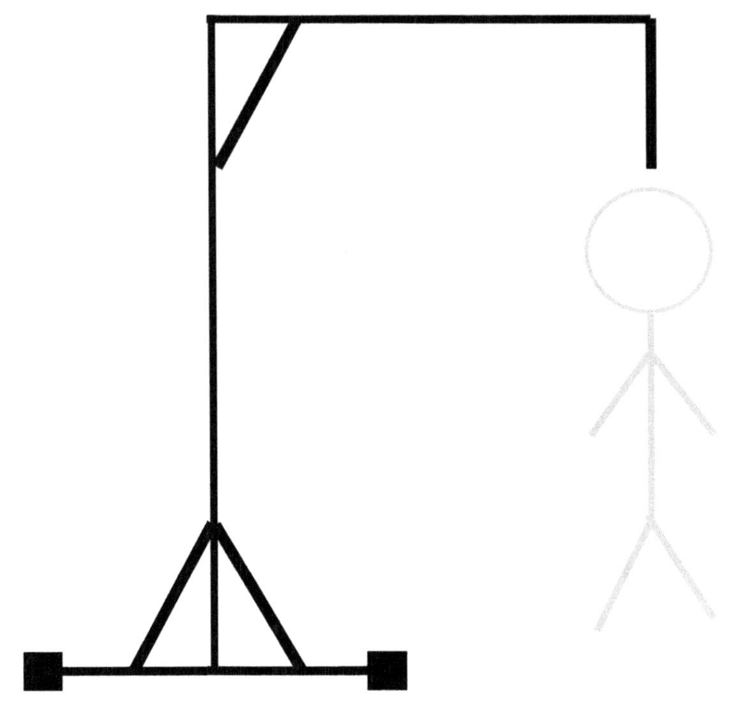

A B C D E F G H I J K L M N O

P Q R S T U V W X Y Z

WINNER:

- - - - - - - - - - - - - - - -

- - - - - - - - - - - - - -

A B C D E F G H I J K L M N O

P Q R S T U V W X Y Z

WINNER:

- -

- - - - - - - - - - - - - - - - - - - -

A B C D E F G H I J K L M N O

P Q R S T U V W X Y Z

WINNER:

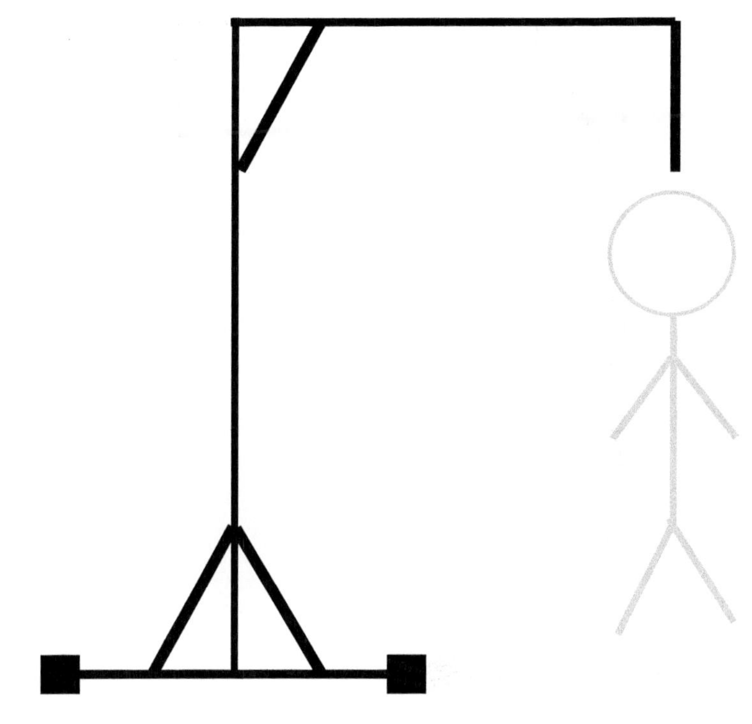

- -

- - - - - - - - - - - - - - - -

A B C D E F G H I J K L M N O
P Q R S T U V W X Y Z

WINNER:

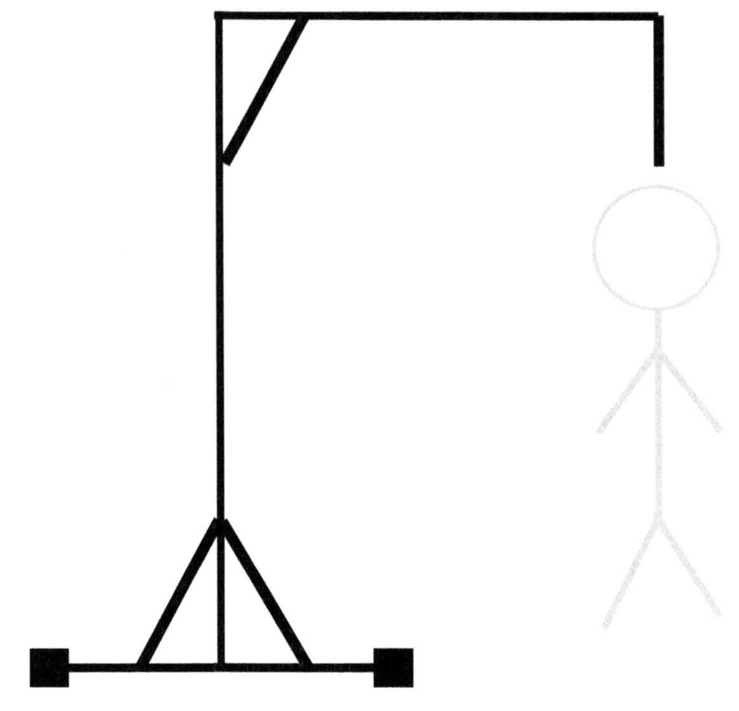

A B C D E F G H I J K L M N O

P Q R S T U V W X Y Z

WINNER:

_ _

_ _

A B C D E F G H I J K L M N O

P Q R S T U V W X Y Z

WINNER:

A B C D E F G H I J K L M N O

P Q R S T U V W X Y Z

WINNER:

_ _ _ _ _ _ _ _ _ _ _ _ _ _ _ _

_ _ _ _ _ _ _ _ _ _ _ _ _

A B C D E F G H I J K L M N O
P Q R S T U V W X Y Z

WINNER:

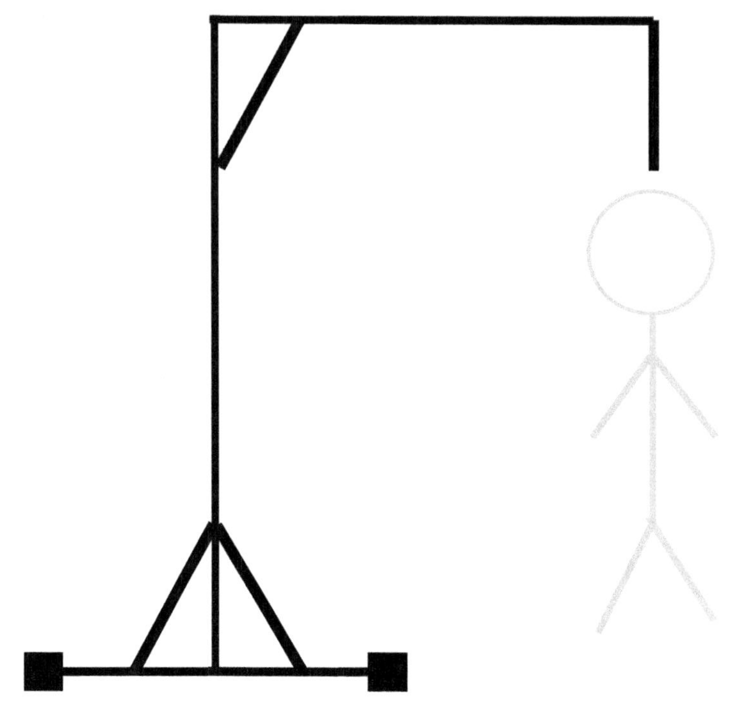

A B C D E F G H I J K L M N O

P Q R S T U V W X Y Z

WINNER:

_ _ _ _ _ _ _ _ _ _ _ _ _ _ _

_ _ _ _ _ _ _ _ _ _ _

A B C D E F G H I J K L M N O

P Q R S T U V W X Y Z

WINNER:

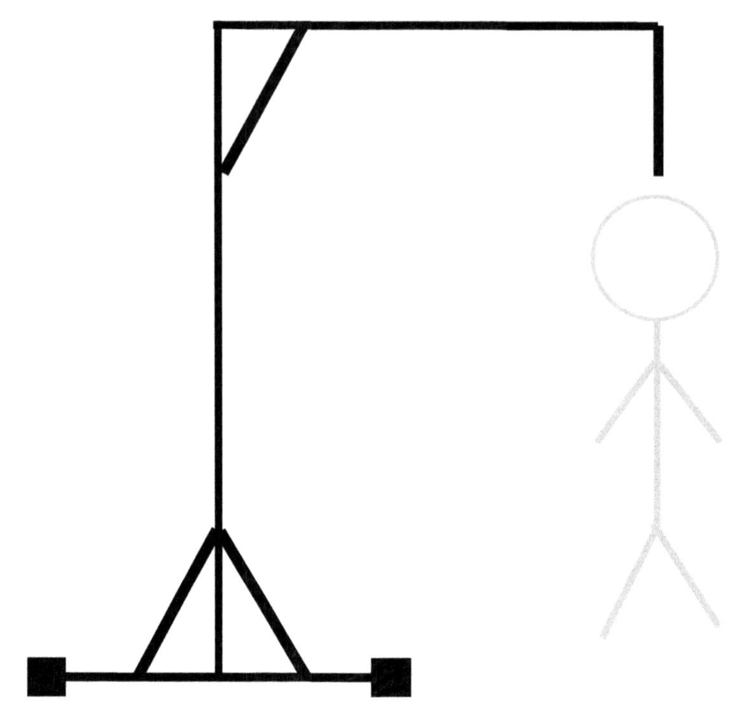

A B C D E F G H I J K L M N O
P Q R S T U V W X Y Z

WINNER:

_ _ _ _ _ _ _ _ _ _ _ _ _ _ _ _ _

_ _ _ _ _ _ _ _ _ _ _ _ _ _

A B C D E F G H I J K L M N O

P Q R S T U V W X Y Z

WINNER:

_ _ _ _ _ _ _ _ _ _ _ _ _ _ _ _

_ _ _ _ _ _ _ _ _ _ _ _ _

A B C D E F G H I J K L M N O

P Q R S T U V W X Y Z

WINNER:

A B C D E F G H I J K L M N O
P Q R S T U V W X Y Z

WINNER:

A B C D E F G H I J K L M N O
P Q R S T U V W X Y Z
WINNER:

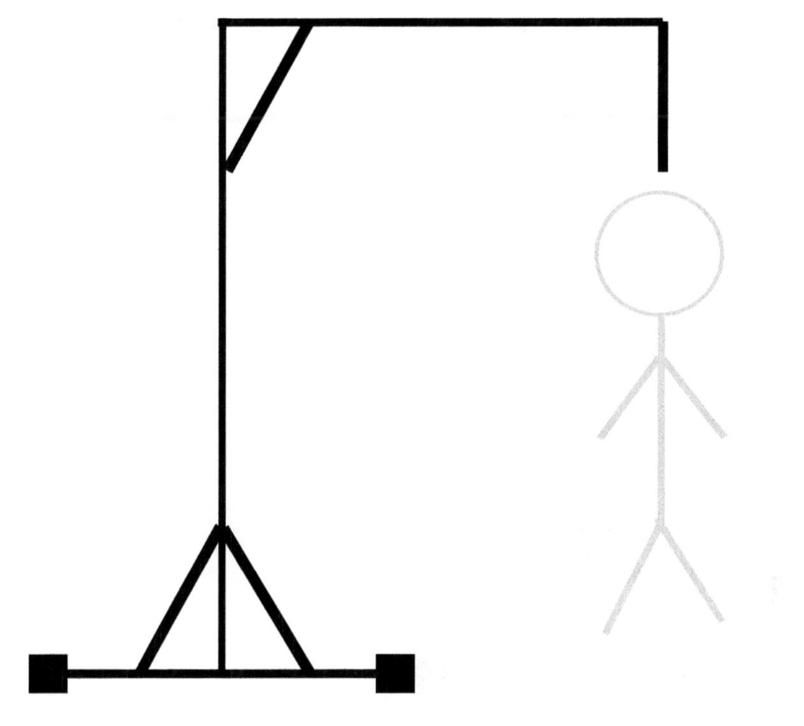

_ _ _ _ _ _ _ _ _ _ _ _ _ _ _ _ _ _ _

_ _ _ _ _ _ _ _ _ _ _ _ _ _ _ _

A B C D E F G H I J K L M N O

P Q R S T U V W X Y Z

WINNER:

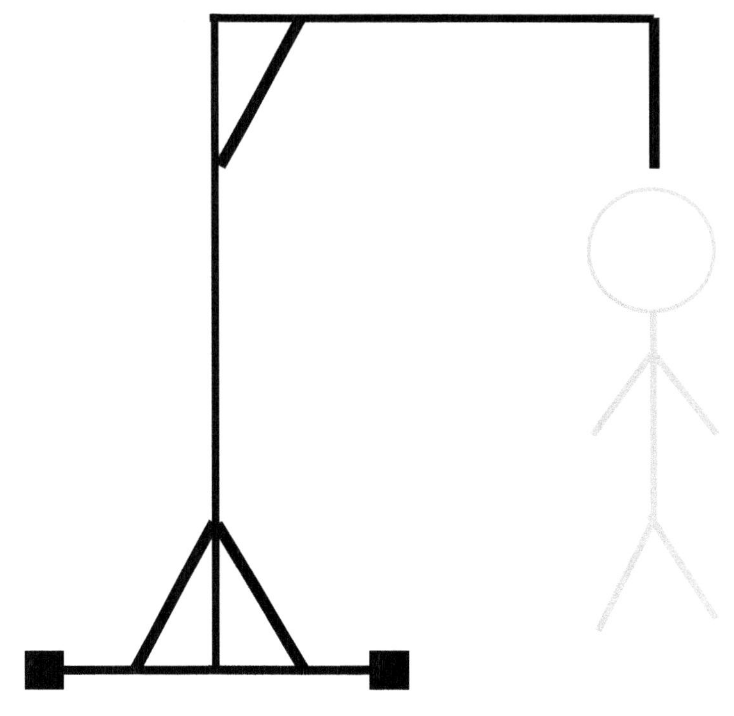

ABCDEFGHIJKLMNO

PQRSTUVWXYZ

WINNER:

_ _ _ _ _ _ _ _ _ _ _ _ _ _ _ _ _

_ _ _ _ _ _ _ _ _ _ _ _ _ _

A B C D E F G H I J K L M N O

P Q R S T U V W X Y Z

WINNER:

_ _ _ _ _ _ _ _ _ _ _ _ _ _ _ _ _ _ _ _

_ _ _ _ _ _ _ _ _ _ _ _ _ _ _ _ _

A B C D E F G H I J K L M N O
P Q R S T U V W X Y Z

WINNER:

\- \- \- \- \- \- \- \- \- \- \- \- \- \- \- \-

\- \- \- \- \- \- \- \- \- \- \- \- \- \-

A B C D E F G H I J K L M N O

P Q R S T U V W X Y Z

WINNER:

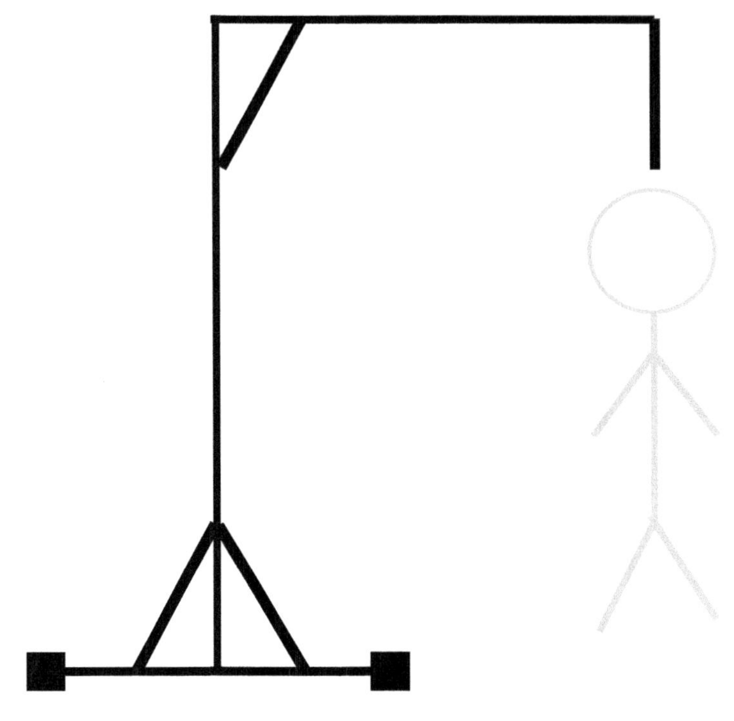

- - - - - - - - - - - - - - -

- - - - - - - - - - - - -

A B C D E F G H I J K L M N O

P Q R S T U V W X Y Z

WINNER:

- -

- - - - - - - - - - - - - - - - - - - -

A B C D E F G H I J K L M N O

P Q R S T U V W X Y Z

WINNER:

- - - - - - - - - - - - - - - -

- - - - - - - - - - - - - - -

A B C D E F G H I J K L M N O
P Q R S T U V W X Y Z

WINNER:

\- -

\- - - - - - - - - - - - - - - - - - - -

A B C D E F G H I J K L M N O

P Q R S T U V W X Y Z

WINNER:

A B C D E F G H I J K L M N O

P Q R S T U V W X Y Z

WINNER:

A B C D E F G H I J K L M N O

P Q R S T U V W X Y Z

WINNER:

A B C D E F G H I J K L M N O

P Q R S T U V W X Y Z

WINNER:

_ _ _ _ _ _ _ _ _ _ _

_ _ _ _ _ _ _ _ _ _

A B C D E F G H I J K L M N O
P Q R S T U V W X Y Z

WINNER:

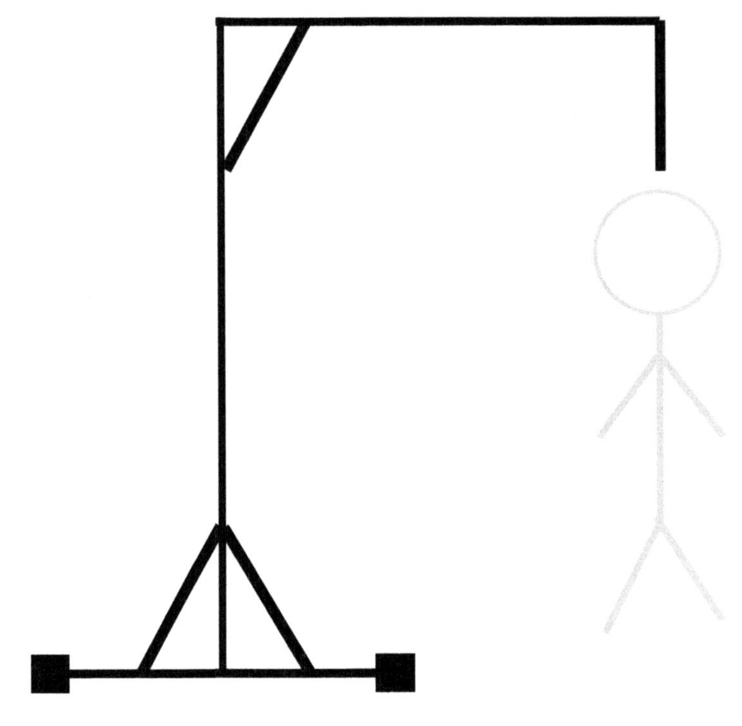

A B C D E F G H I J K L M N O

P Q R S T U V W X Y Z

WINNER:

_ _ _ _ _ _ _ _ _ _ _ _ _ _ _ _ _ _

_ _ _ _ _ _ _ _ _ _ _ _ _ _ _ _

A B C D E F G H I J K L M N O

P Q R S T U V W X Y Z

WINNER:

- - - - - - - - - - - - - - - -

- - - - - - - - - - - - - - -

A B C D E F G H I J K L M N O

P Q R S T U V W X Y Z

WINNER:

_ _ _ _ _ _ _ _ _ _ _ _ _ _ _ _ _

_ _ _ _ _ _ _ _ _ _ _ _ _ _

A B C D E F G H I J K L M N O
P Q R S T U V W X Y Z

WINNER:

A B C D E F G H I J K L M N O

P Q R S T U V W X Y Z

WINNER:

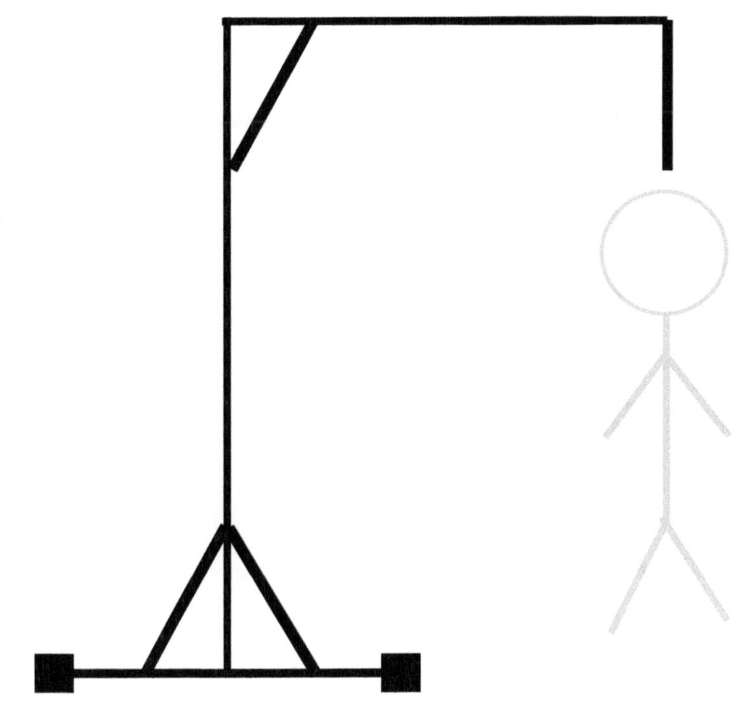

\- \- \- \- \- \- \- \- \- \- \- \- \-

\- \- \- \- \- \- \- \- \- \-

A B C D E F G H I J K L M N O

P Q R S T U V W X Y Z

WINNER:

- - - - - - - - - - - - - - - -

- - - - - - - - - - - - - - -

A B C D E F G H I J K L M N O

P Q R S T U V W X Y Z

WINNER:

_ _ _ _ _ _ _ _ _ _ _ _ _ _ _

_ _ _ _ _ _ _ _ _ _ _ _ _

A B C D E F G H I J K L M N O
P Q R S T U V W X Y Z

WINNER:

---- ---- ---- ---- ---- ---- ---- ----

---- ---- ---- ---- ---- ---- ----

A B C D E F G H I J K L M N O

P Q R S T U V W X Y Z

WINNER:

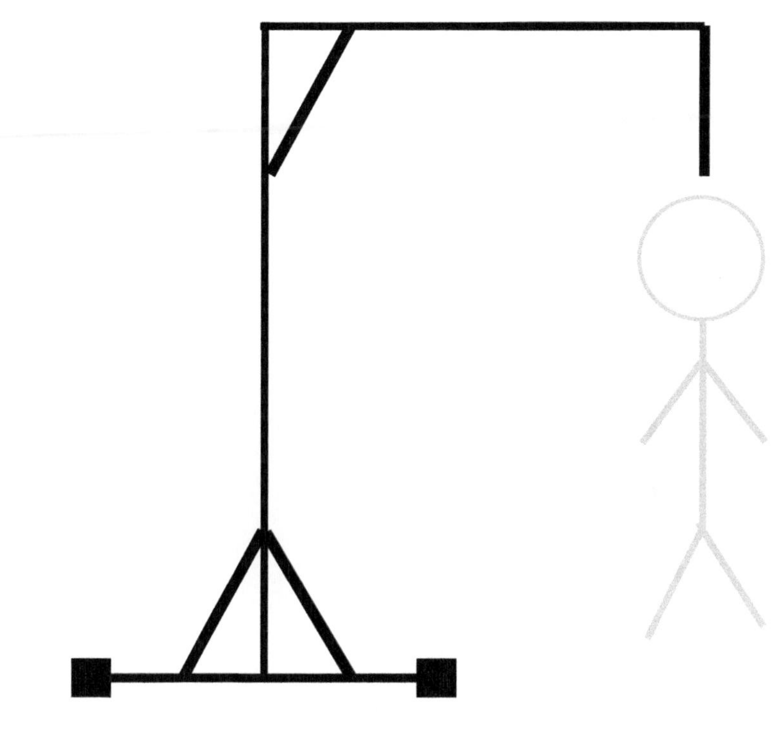

A B C D E F G H I J K L M N O

P Q R S T U V W X Y Z

WINNER:

\- - - - - - - - - - - - - - -

\- - - - - - - - - - - - -

A B C D E F G H I J K L M N O
P Q R S T U V W X Y Z

WINNER:

_ _

_ _

A B C D E F G H I J K L M N O

P Q R S T U V W X Y Z

WINNER:

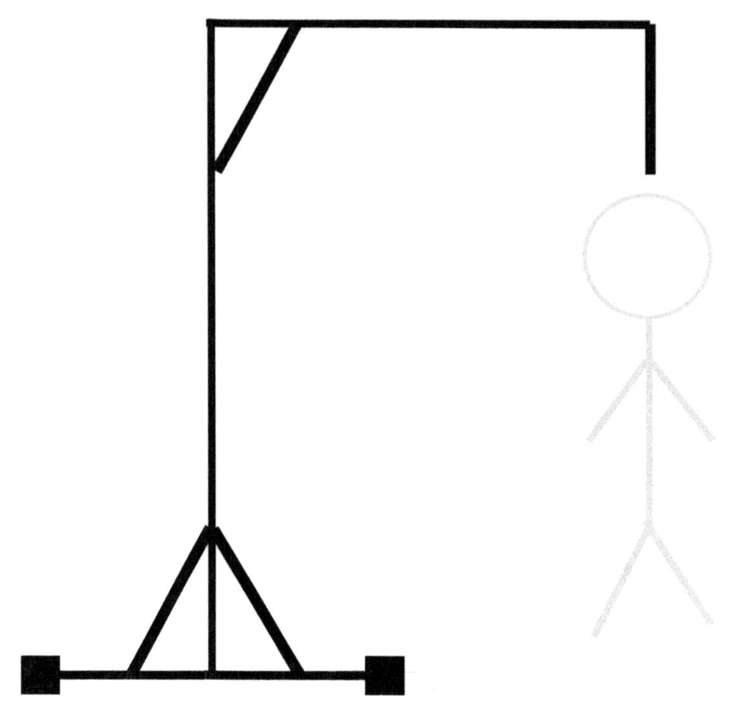

_ _ _ _ _ _ _ _ _ _ _ _

_ _ _ _ _ _ _ _ _ _

A B C D E F G H I J K L M N O
P Q R S T U V W X Y Z

WINNER:

A B C D E F G H I J K L M N O

P Q R S T U V W X Y Z

WINNER:

_ _ _ _ _ _ _ _ _ _ _ _ _ _

_ _ _ _ _ _ _ _ _ _ _ _

A B C D E F G H I J K L M N O

P Q R S T U V W X Y Z

WINNER:

A B C D E F G H I J K L M N O
P Q R S T U V W X Y Z

WINNER:

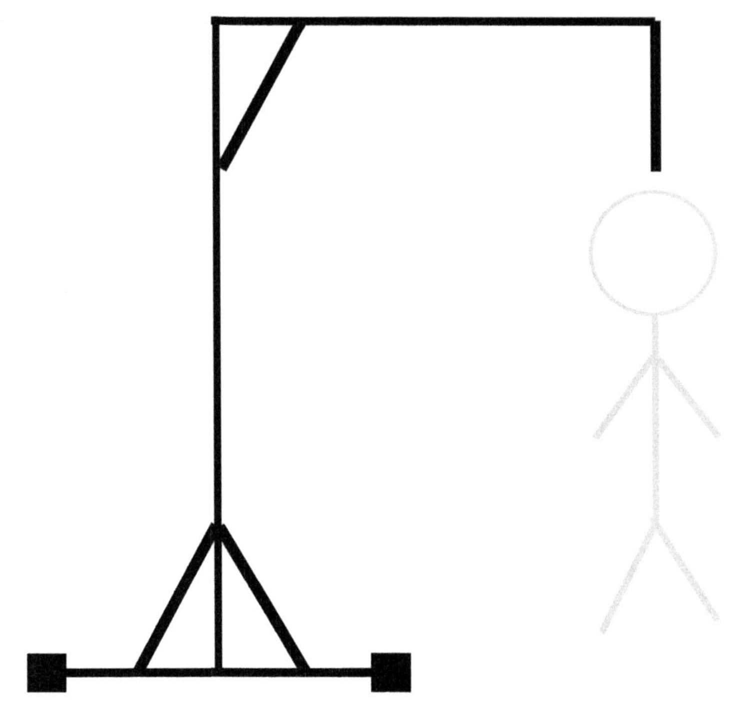

_ _

_ _ _ _ _ _ _ _ _ _ _ _ _ _ _ _

A B C D E F G H I J K L M N O

P Q R S T U V W X Y Z

WINNER:

A B C D E F G H I J K L M N O

P Q R S T U V W X Y Z

WINNER:

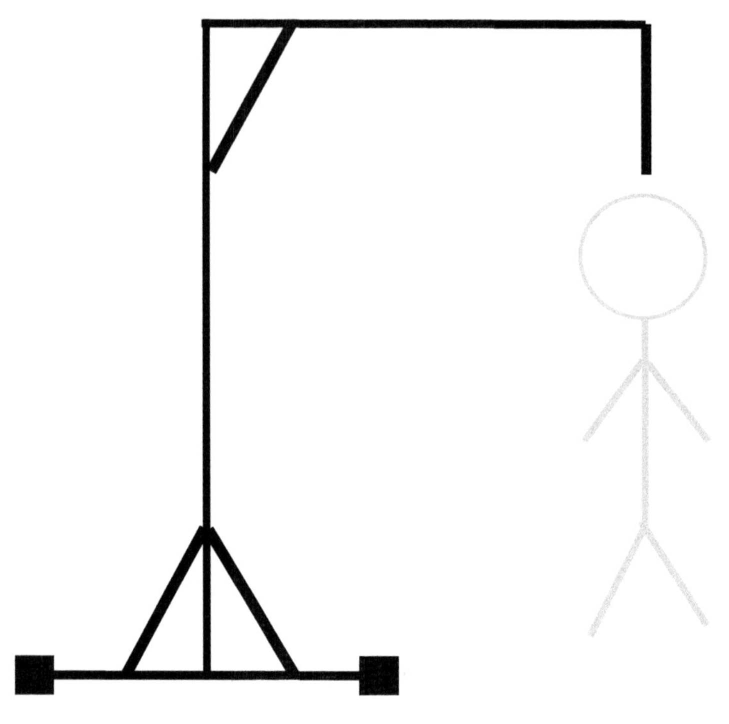

A B C D E F G H I J K L M N O

P Q R S T U V W X Y Z

WINNER:

- -

- - - - - - - - - - - - - - - - - - - -

A B C D E F G H I J K L M N O

P Q R S T U V W X Y Z

WINNER:

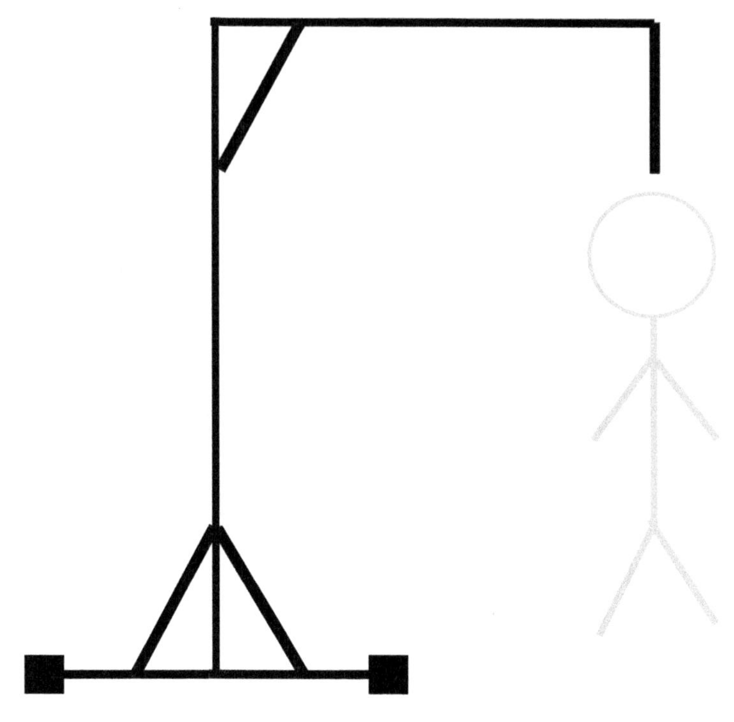

_ _

_ _

A B C D E F G H I J K L M N O

P Q R S T U V W X Y Z

WINNER:

---- ---- ---- ---- ---- ---- ---- ----

---- ---- ---- ---- ---- ---- ----

A B C D E F G H I J K L M N O

P Q R S T U V W X Y Z

WINNER:

\- - - - - - - - - - - - - - - -

\- - - - - - - - - - - - - -

A B C D E F G H I J K L M N O

P Q R S T U V W X Y Z

WINNER:

- -

- - - - - - - - - - - - - - - - - -

A B C D E F G H I J K L M N O

P Q R S T U V W X Y Z

WINNER:

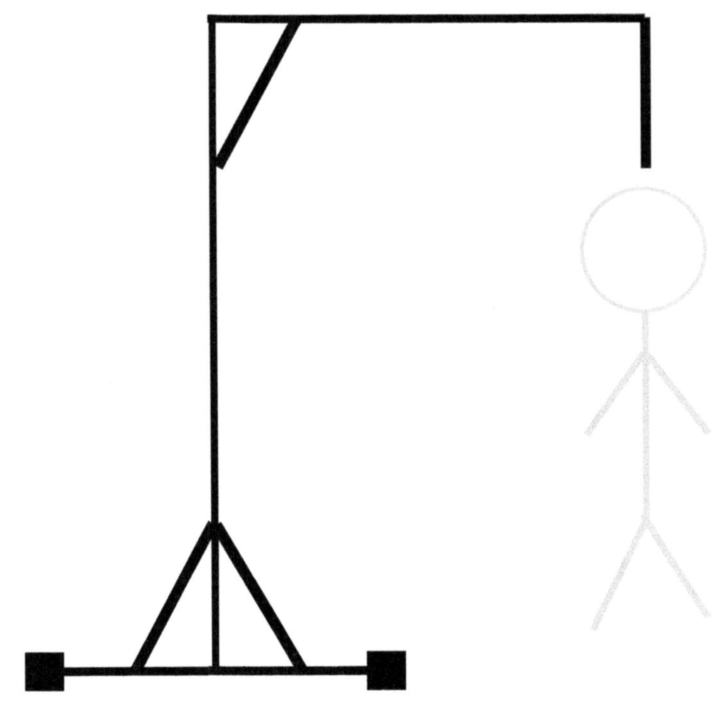

A B C D E F G H I J K L M N O

P Q R S T U V W X Y Z

WINNER:

- - - - - - - - - - - - - -

- - - - - - - - - - - - -

A B C D E F G H I J K L M N O
P Q R S T U V W X Y Z

WINNER:

- - - - - - - - - - - - - - - - - -

- - - - - - - - - - - - - - - - -

A B C D E F G H I J K L M N O

P Q R S T U V W X Y Z

WINNER:

A B C D E F G H I J K L M N O

P Q R S T U V W X Y Z

WINNER:

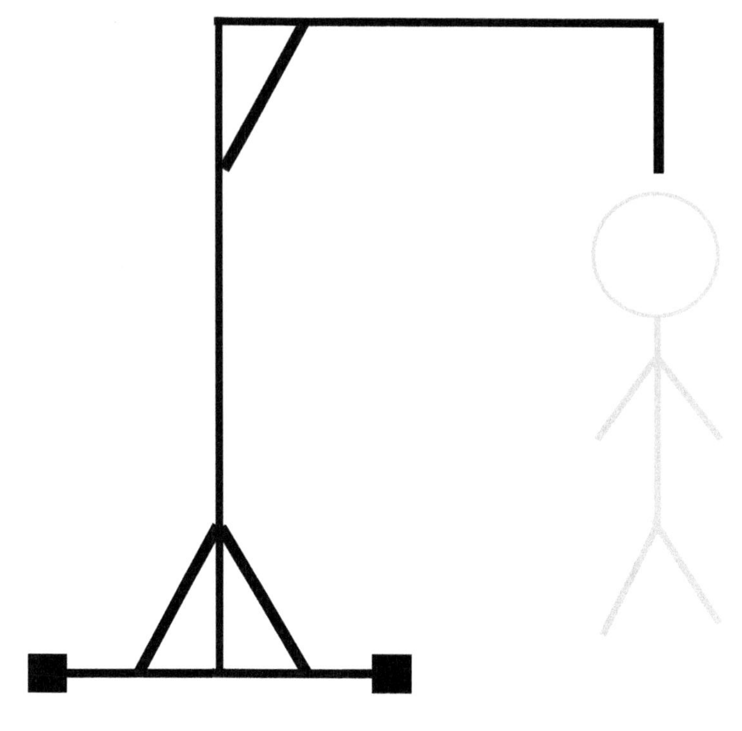

\- - - - - - - - - - - - - - - - - -

\- - - - - - - - - - - - - - - -

A B C D E F G H I J K L M N O

P Q R S T U V W X Y Z

WINNER:

\- -

\- - - - - - - - - - - - - - - - - - - -

A B C D E F G H I J K L M N O

P Q R S T U V W X Y Z

WINNER:

\- \- \- \- \- \- \- \- \- \- \- \- \- \-

\- \- \- \- \- \- \- \- \- \- \- \-

A B C D E F G H I J K L M N O

P Q R S T U V W X Y Z

WINNER:

A B C D E F G H I J K L M N O

P Q R S T U V W X Y Z

WINNER:

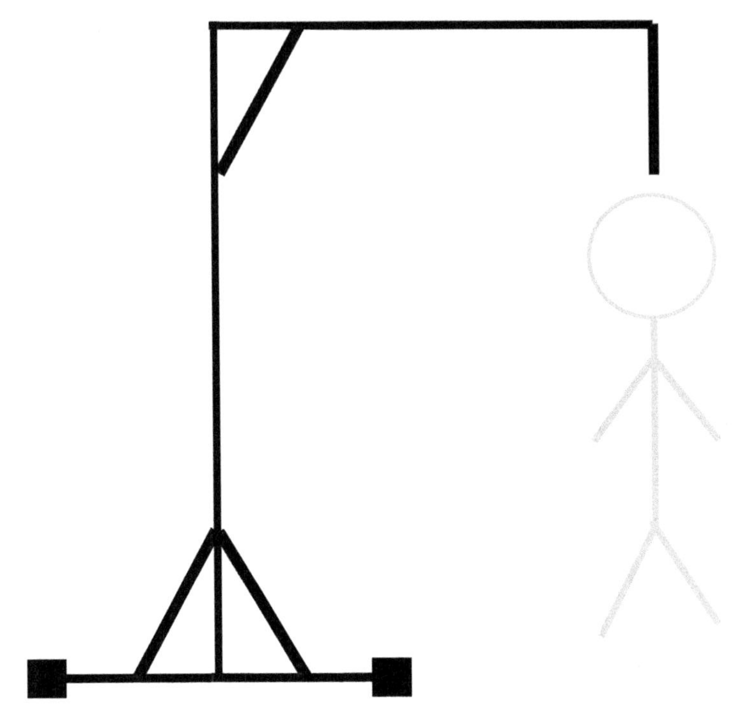

A B C D E F G H I J K L M N O

P Q R S T U V W X Y Z

WINNER:

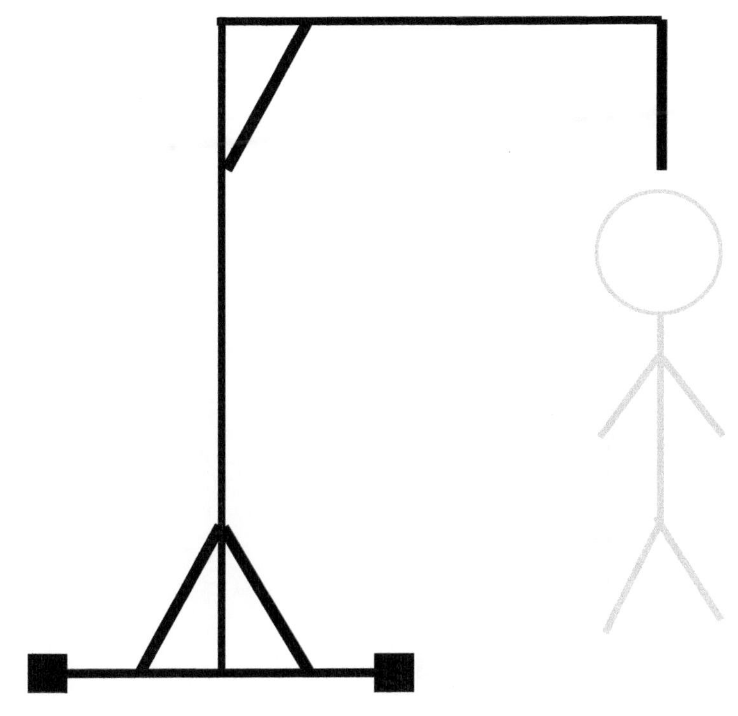

_ _ _ _ _ _ _ _ _ _ _ _ _ _ _ _ _ _ _ _

_ _ _ _ _ _ _ _ _ _ _ _ _ _ _

A B C D E F G H I J K L M N O

P Q R S T U V W X Y Z

WINNER:

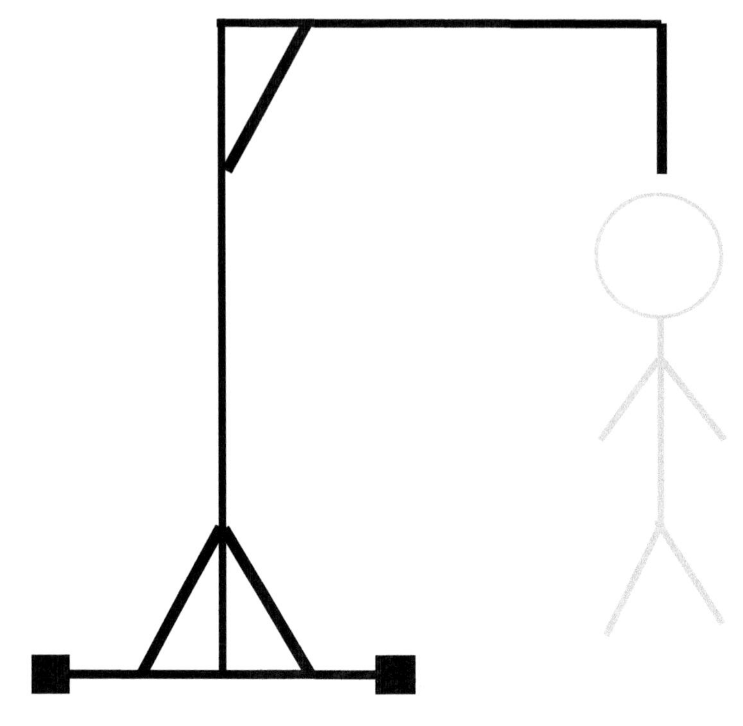

A B C D E F G H I J K L M N O

P Q R S T U V W X Y Z

WINNER:

A B C D E F G H I J K L M N O

P Q R S T U V W X Y Z

WINNER:

A B C D E F G H I J K L M N O

P Q R S T U V W X Y Z

WINNER:

A B C D E F G H I J K L M N O

P Q R S T U V W X Y Z

WINNER:

_ _ _ _ _ _ _ _ _ _ _ _ _ _ _ _ _

_ _ _ _ _ _ _ _ _ _ _ _

A B C D E F G H I J K L M N O

P Q R S T U V W X Y Z

WINNER:

- - - - - - - - - - - - - -

- - - - - - - - - - - -

A B C D E F G H I J K L M N O
P Q R S T U V W X Y Z

WINNER:

A B C D E F G H I J K L M N O

P Q R S T U V W X Y Z

WINNER:

_ _ _ _ _ _ _ _ _ _

_ _ _ _ _ _ _ _ _

A B C D E F G H I J K L M N O
P Q R S T U V W X Y Z

WINNER:

_ _ _ _ _ _ _ _ _ _ _ _

_ _ _ _ _ _ _ _ _ _ _

A B C D E F G H I J K L M N O
P Q R S T U V W X Y Z

WINNER:

A B C D E F G H I J K L M N O

P Q R S T U V W X Y Z

WINNER:

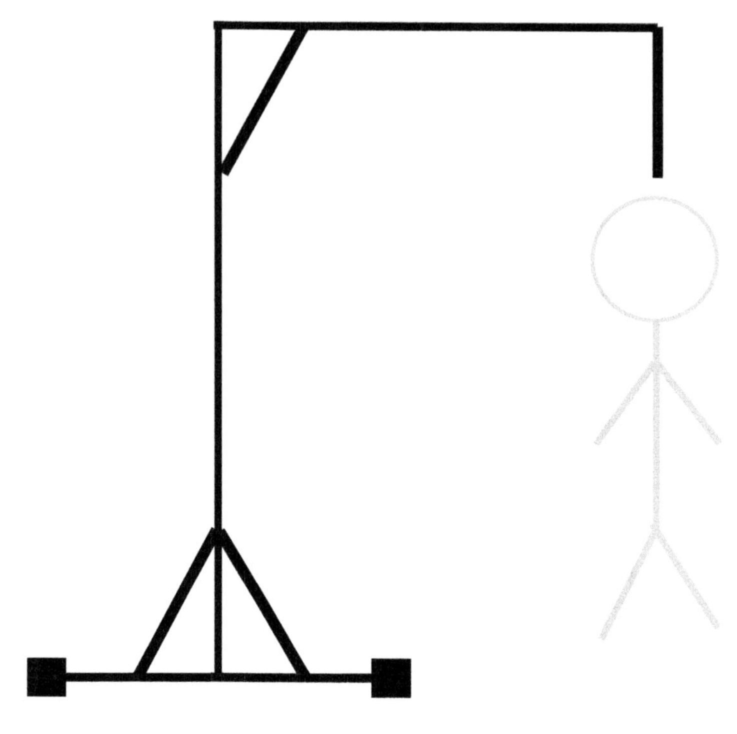

A B C D E F G H I J K L M N O

P Q R S T U V W X Y Z

WINNER:

- -

- -

A B C D E F G H I J K L M N O

P Q R S T U V W X Y Z

WINNER:

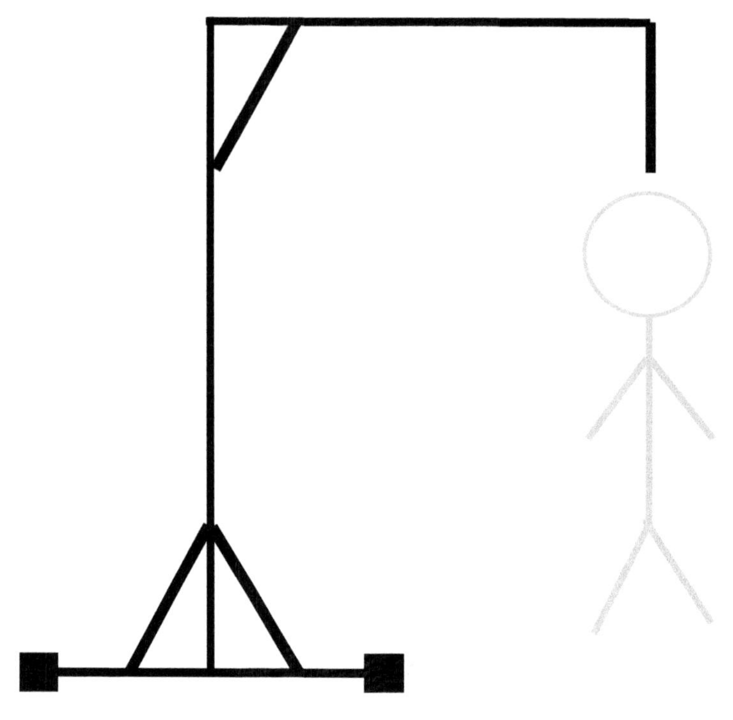

_ _ _ _ _ _ _ _ _ _ _ _ _ _ _ _ _

_ _ _ _ _ _ _ _ _ _ _ _ _ _ _

A B C D E F G H I J K L M N O
P Q R S T U V W X Y Z

WINNER:

\- \- \- \- \- \- \- \- \- \- \- \-

\- \- \- \- \- \- \- \- \- \- \-

A B C D E F G H I J K L M N O

P Q R S T U V W X Y Z

WINNER:

- -

- - - - - - - - - - - - - - - - - - - -

A B C D E F G H I J K L M N O

P Q R S T U V W X Y Z

WINNER:

A B C D E F G H I J K L M N O

P Q R S T U V W X Y Z

WINNER:

A B C D E F G H I J K L M N O

P Q R S T U V W X Y Z

WINNER:

A B C D E F G H I J K L M N O

P Q R S T U V W X Y Z

WINNER:

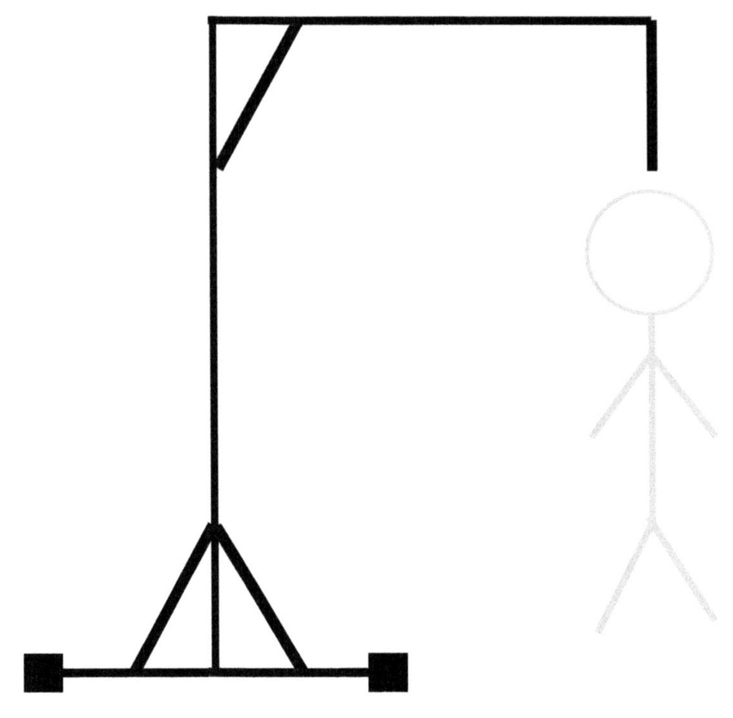

- - - - - - - - - - - - - - - -

- - - - - - - - - - - - - -

A B C D E F G H I J K L M N O
P Q R S T U V W X Y Z

WINNER:

- - - - - - - - - - - - - - -

- - - - - - - - - - - - - -

A B C D E F G H I J K L M N O
P Q R S T U V W X Y Z

WINNER:

A B C D E F G H I J K L M N O

P Q R S T U V W X Y Z

WINNER:

A B C D E F G H I J K L M N O

P Q R S T U V W X Y Z

WINNER:

\- - - - - - - - - - - - - - - -

\- - - - - - - - - - - - - - - -

A B C D E F G H I J K L M N O
P Q R S T U V W X Y Z

WINNER:

\- \- \- \- \- \- \- \- \- \- \- \- \- \- \- \- \- \- \-

\- \- \- \- \- \- \- \- \- \- \- \- \- \-

A B C D E F G H I J K L M N O
P Q R S T U V W X Y Z

WINNER:

A B C D E F G H I J K L M N O

P Q R S T U V W X Y Z

WINNER:

A B C D E F G H I J K L M N O

P Q R S T U V W X Y Z

WINNER:

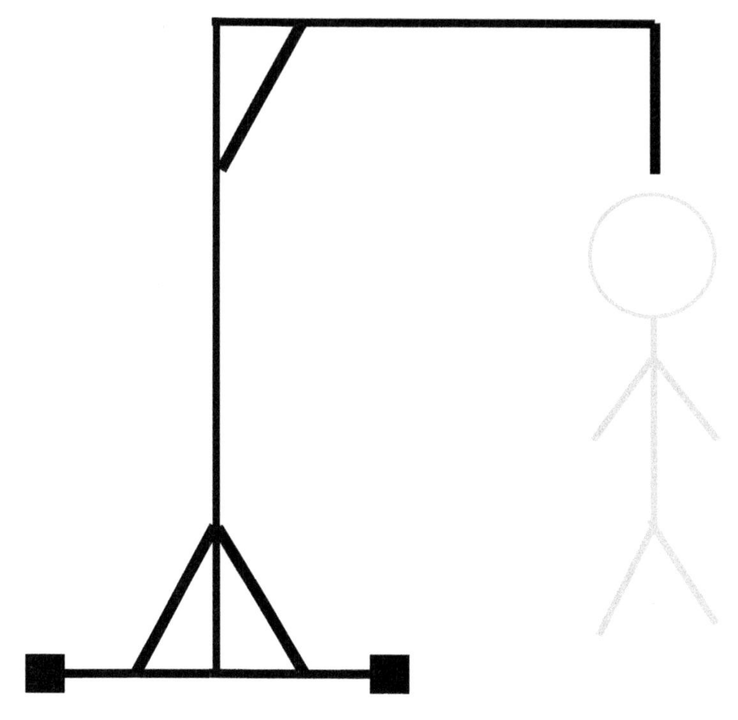

A B C D E F G H I J K L M N O

P Q R S T U V W X Y Z

WINNER:

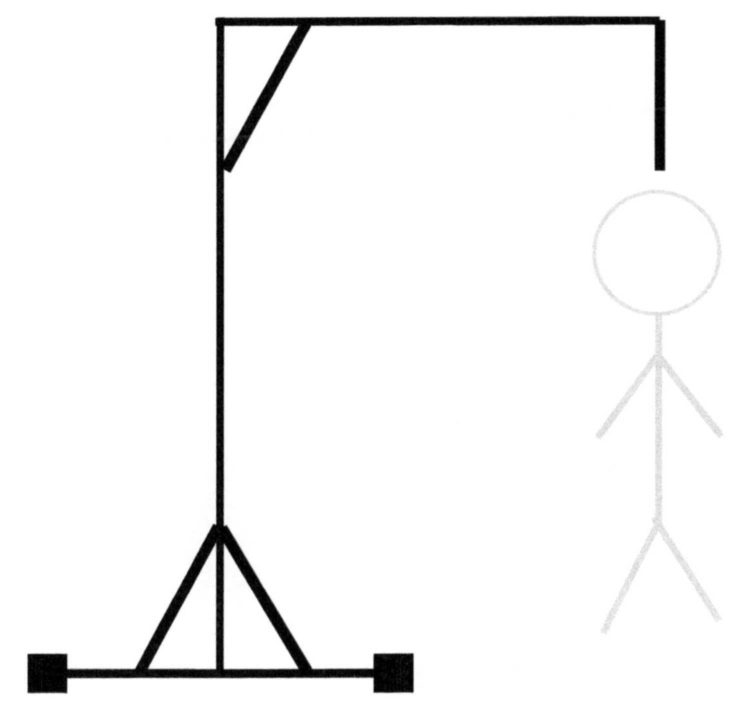

----- ----- ----- ----- ----- ----- ----- ----- ----- ----- ----- ----- ----- -----

----- ----- ----- ----- ----- ----- ----- ----- ----- ----- -----

A B C D E F G H I J K L M N O

P Q R S T U V W X Y Z

WINNER:

_ _ _ _ _ _ _ _ _ _ _ _ _ _

_ _ _ _ _ _ _ _ _ _ _ _ _ _

A B C D E F G H I J K L M N O

P Q R S T U V W X Y Z

WINNER:

A B C D E F G H I J K L M N O

P Q R S T U V W X Y Z

WINNER:

A B C D E F G H I J K L M N O

P Q R S T U V W X Y Z

WINNER:

A B C D E F G H I J K L M N O

P Q R S T U V W X Y Z

WINNER:

A B C D E F G H I J K L M N O

P Q R S T U V W X Y Z

WINNER:

_ _ _ _ _ _ _ _ _ _ _ _ _ _ _

_ _ _ _ _ _ _ _ _ _ _ _ _

A B C D E F G H I J K L M N O
P Q R S T U V W X Y Z

WINNER:

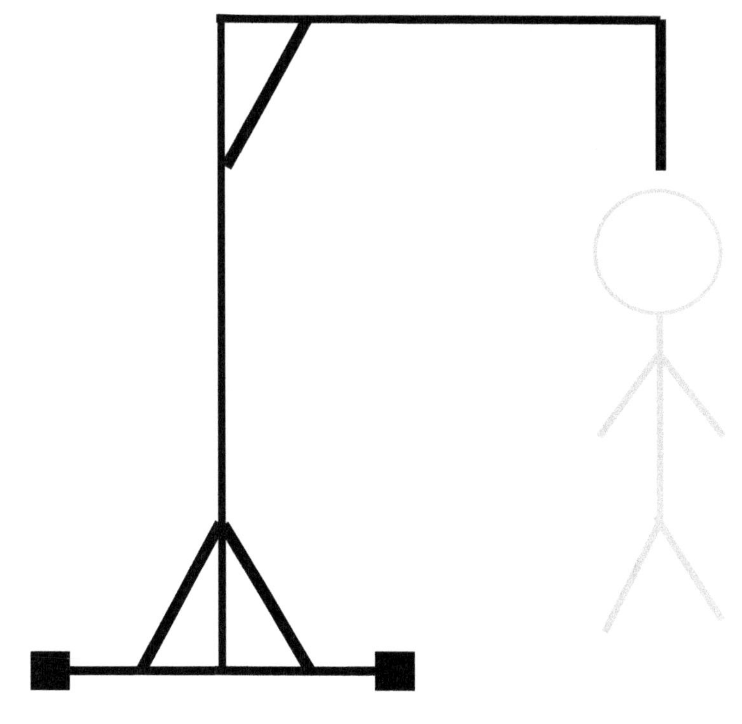

A B C D E F G H I J K L M N O

P Q R S T U V W X Y Z

WINNER:

_ _ _ _ _ _ _ _ _ _ _ _ _ _ _

_ _ _ _ _ _ _ _ _ _ _ _ _

A B C D E F G H I J K L M N O

P Q R S T U V W X Y Z

WINNER:

A B C D E F G H I J K L M N O

P Q R S T U V W X Y Z

WINNER:

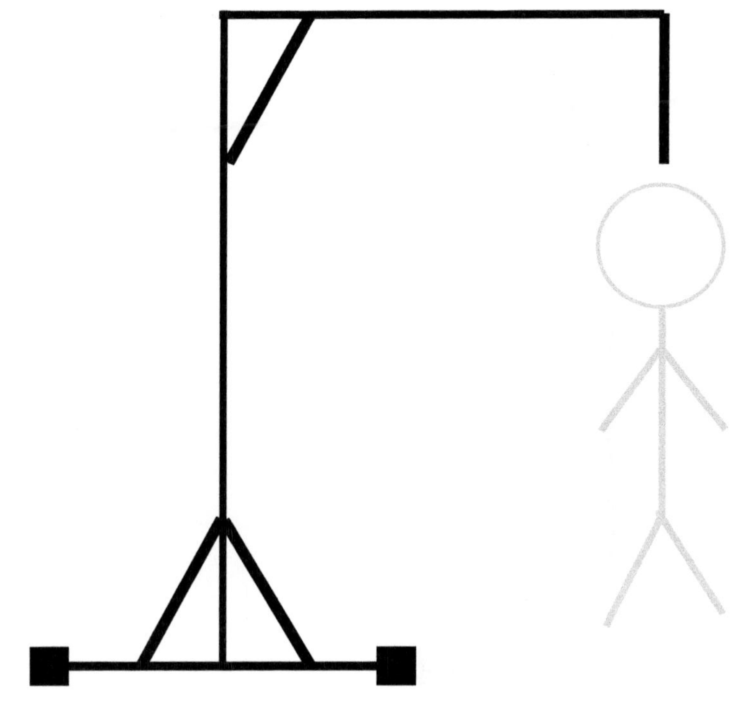

A B C D E F G H I J K L M N O

P Q R S T U V W X Y Z

WINNER:

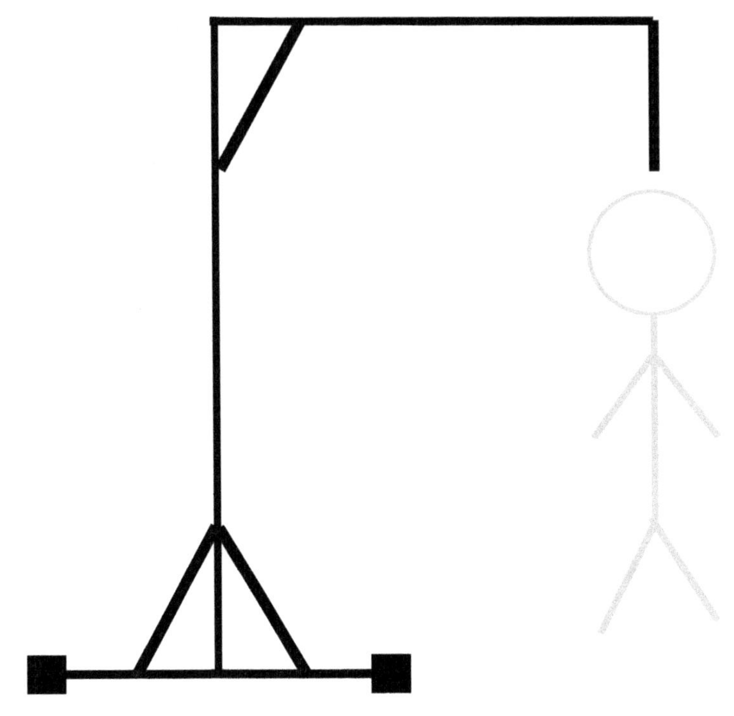

A B C D E F G H I J K L M N O

P Q R S T U V W X Y Z

WINNER:

- -

- - - - - - - - - - - - - - - - - -

A B C D E F G H I J K L M N O
P Q R S T U V W X Y Z

WINNER:

A B C D E F G H I J K L M N O

P Q R S T U V W X Y Z

WINNER:

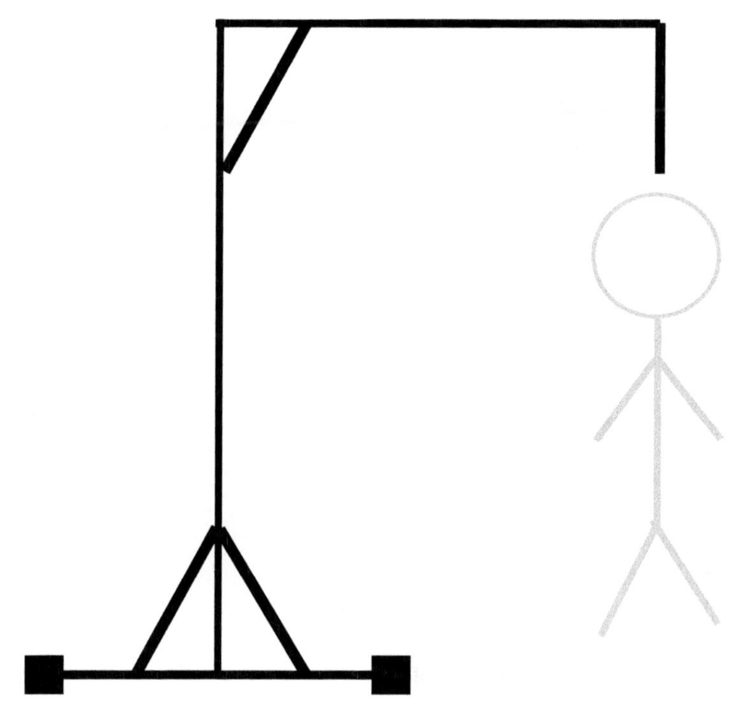

A B C D E F G H I J K L M N O

P Q R S T U V W X Y Z

WINNER:

- - - - - - - - - - - - - - - - - - - -

- - - - - - - - - - - - - - - - - - - -

A B C D E F G H I J K L M N O

P Q R S T U V W X Y Z

WINNER:

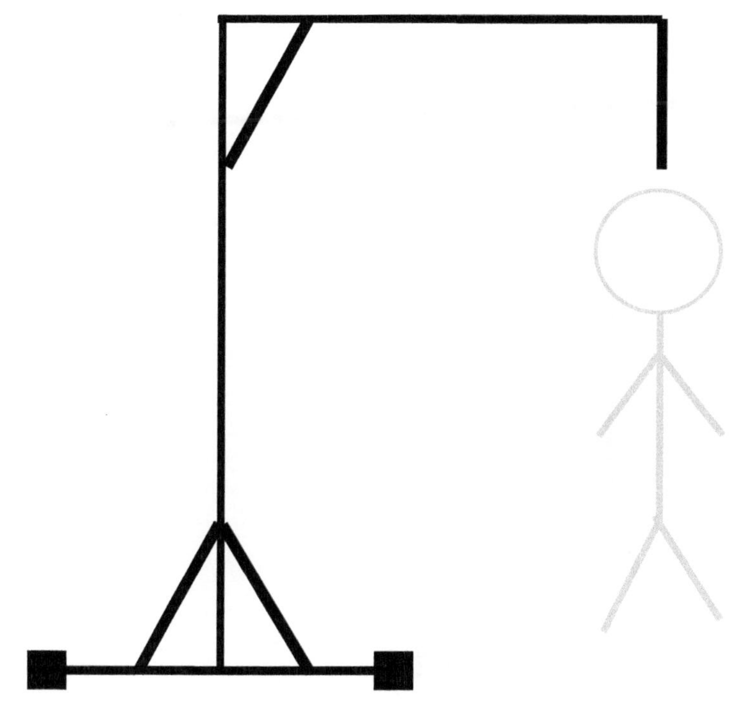

A B C D E F G H I J K L M N O

P Q R S T U V W X Y Z

WINNER:

- - - - - - - - - - - -

- - - - - - - - - - - -

A B C D E F G H I J K L M N O

P Q R S T U V W X Y Z

WINNER:

---- ---- ---- ---- ---- ---- ---- ----

---- ---- ---- ---- ---- ---- ----

A B C D E F G H I J K L M N O
P Q R S T U V W X Y Z

WINNER:

Thank you.

We hope you enjoyed our book.

As a small family company, your feedback is very important ti us.

Please let us know how you like our book at:

Procurement@Camelinis.com

Printed by BoD™in Norderstedt, Germany